BEI GRIN MACHT SICH IHR WISSEN BEZAHLT

- Wir veröffentlichen Ihre Hausarbeit, Bachelor- und Masterarbeit

- Ihr eigenes eBook und Buch - weltweit in allen wichtigen Shops

- Verdienen Sie an jedem Verkauf

Jetzt bei www.GRIN.com hochladen und kostenlos publizieren

Guido Kattwinkel

Entwicklung und Trainierbarkeit von Schlüsselkompetenzen

GRIN Verlag

Bibliografische Information der Deutschen Nationalbibliothek:

Die Deutsche Bibliothek verzeichnet diese Publikation in der Deutschen National-
bibliografie; detaillierte bibliografische Daten sind im Internet über http://dnb.d-
nb.de/ abrufbar.

Impressum:

Copyright © 2006 GRIN Verlag GmbH
Druck und Bindung: Books on Demand GmbH, Norderstedt Germany
ISBN: 978-3-656-57800-0

Dieses Buch bei GRIN:

http://www.grin.com/de/e-book/62035/entwicklung-und-trainierbarkeit-von-
schluesselkompetenzen

GRIN - Your knowledge has value

Der GRIN Verlag publiziert seit 1998 wissenschaftliche Arbeiten von Studenten, Hochschullehrern und anderen Akademikern als eBook und gedrucktes Buch. Die Verlagswebsite www.grin.com ist die ideale Plattform zur Veröffentlichung von Hausarbeiten, Abschlussarbeiten, wissenschaftlichen Aufsätzen, Dissertationen und Fachbüchern.

Besuchen Sie uns im Internet:

http://www.grin.com/

http://www.facebook.com/grincom

http://www.twitter.com/grin_com

Westfälische Wilhelms-Universität Münster

Fachbereich Erziehungswissenschaften

Ausarbeitung zum Seminar:

Schlüsselkompetenzen: Analyse - Entwicklung - Evaluation

Thema der Präsentation:

Entwicklung und Trainierbarkeit von Schlüsselkompetenzen

im Sommersemester 2006

vorgelegt von

Guido Kattwinkel

Inhaltsverzeichnis

Vorwort

Die Diskussion um Kompetenzen ist immer umfassender und wichtiger geworden. Formale Qualifikationen alleine reichen im Arbeitsleben nicht mehr aus, da die Arbeits- und Lebenswelt heute mehr Anforderungen an den Menschen stellt, als zu früheren Zeiten. Doppler/Lauterburg (2005, S. 21-54) benennen als Grund fünf Faktoren, warum sich unsere Welt ändert. Die Technische Revolution, die Verknappung der Ressource Zeit, die Aufwertung von interkultureller Zusammenarbeit, die Verknappung der Ressource Geld und die dramatische Steigerung der Komplexität bedingen, dass formal erworbene Qualifikationen immer mehr an Wert verlieren - ohne allerdings gänzlich überflüssig zu werden. An ihre Stelle treten Kompetenzen, die es den Menschen ermöglichen, in der Schnelllebigkeit der Welt und der Komplexität der verschiedenen Handlungssituationen entsprechend schnell zu reagieren und handlungsfähig zu bleiben, was ein hohes Maß an Selbstorganisation erfordert. Insbesondere die Schlüsselqualifikationen sollen durch ihre Transversalität dabei helfen.

Die vorliegende Ausarbeitung soll einen kurzen Überblick über die Trainierbarkeit von Kompetenzen bieten, einen Schwerpunkt stellt die Trainierbarkeit von sozial-kommunikativen Kompetenzen dar.

Im ersten Teil soll ein Überblick über die Definitionen von Kompetenzen in der Literatur gegeben und die Arbeitsdefinition für diese Ausarbeitung erstellt werden. Die Vorstellung des Strukturalistischen Kompetenzmodells bietet die Grundlage für die weitere Ausfaltung der Gedanken zur Trainierbarkeit. Es soll vor allem die Frage beantworten, welche Faktoren die Trainierbarkeit von Kompetenzen begünstigen. Ein kurzer Exkurs soll den Aspekt von Kompetenzen als Persönlichkeitsmerkmale nicht vernachlässigen, da sich Kompetenzen auch als solche interpretieren lassen können.

Der Zweite Teil stellt die Klasse der sozial-kommunikativen Kompetenzen als Schlüsselkompetenzen vor.

Die theoretischen Ansätze der Trainierbarkeit werden im dritten Teil auf die Methode der Verhaltensmodellierung übertragen und als sinnvolles Modell der Kompetenzerweiterung dargestellt.

1. Zum Kompetenzbegriff

Das „Wörterbuch der Pädagogik" bezeichnet Kompetenz nach dem Linguisten Chomsky als „eine angeborene Fähigkeit, im Gegensatz zu Performanz als deren aktuellen Gebrauch" (Böhm, 2000, S. 309). Unabhängig von der Frage, ob Kompetenz, wie hier beschrieben, angeboren ist oder nicht, hat Chomsky zur Unterscheidung zwischen den inneren Dispositionen einer Person und deren Erscheinung in sichtbarer Performanz beigetragen. Von Dispositionen spricht auch Johannes Weinberg: „Beim Kompetenzbegriff handelt es sich um einen Dispositionsbegriff" (Weinberg o.J., S. 2).

Ähnliches findet sich bei John Erpenbeck und Lutz von Rosenstiel, die ein umfassendes Kompetenzmodell vorstellen. Sie definieren Kompetenzen als „Dispositionen selbstorganisierten Handelns, [als] *Selbstorganisationsdispositionen*" (Erpenbeck/von Rosenstiel 2003, S. XI.), die nicht direkt zugänglich und beobachtbar sind. Man kann lediglich durch die Performanz der Person auf sie schließen, da sie „innere, unbeobachtbare Voraussetzungen, Dispositionen des selbstorganisierten Handelns einer Person sind" (Erpenbeck/von Rosenstiel 2003, S. XI.). Die Kompetenzen, die „in erster Linie subjektzentriert" (Erpenbeck/von Rosenstiel 2003, S. XI.) sind, falten sie in vier Kompetenzklassen aus, nach denen selbstorganisierte Handlungen als Subjekt-Objekt bzw. Subjekt-Subjekt-Beziehung zu verstehen sind (vgl. im Folgenden Erpenbeck/von Rosenstiel 2003, S. XVf.). So kann sich die Handlung auf das handelnde Subjekt selbst beziehen (Personale Kompetenzen), auf Aktivität- und Willenskomponenten des Handelnden (Aktivitäts- und umsetzungsorientierte Kompetenzen), auf die sachlich-gegenständliche Umwelt (Fachlichmethodische Kompetenzen) und auf andere Menschen (Sozialkommunikative Kompetenzen). Diesen Kompetenzklassen können die verschiedenen Einzel- und Teilkompetenzen entsprechend der Subjekt-Objekt-Beziehung zugeordnet werden (wie z. B. „Teamfähigkeit" zu „Sozial-kommunikative Kompetenzen").

Auch bei Franz E. Weinert kommen die Aspekte ,intellektuelle Fähigkeiten', ,Subjektzentriertheit', und ,Performanz' in seiner Definition von

Kompetenz als „intellectual abilities, that is, an individual´s general cognitive resources for mastering challenging tasks across different contents, acquiring necessary knowledge, and achieving high performance." (Weinert 1999, S. 12.) vor. An dieser Stelle erwähnt er auch die Bewältigung von Aufgaben über verschiedene Inhalte hinweg, was ebenfalls ein Kriterium für Schlüsselkompetenzen darstellt, wovon später die Rede sein wird.

So finden sich in der Literatur folgende Aspekte des Kompetenzbegriffs, die auch dieser Ausarbeitung als Grundlage dienen:

1. Kompetenzen als innere Dispositionen selbstorganisierten Handelns einer Person.

2. Entäußerung der Kompetenz in beobachtbarer Performanz.

3. Kompetenzen sind subjektzentriert und falten sich in vier Kompetenzklassen aus: Personale Kompetenzen, Aktivitäts- und umsetzungsorientierte Kompetenzen, Fachlich-methodische Kompetenzen, Sozial-kommunikative Kompetenzen.

4. Kompetenzen dienen der Bewältigung von Aufgaben über verschiedene Inhalte und Situationen hinweg, sind inhalts- und situationsübergreifend.

1.1. Das Strukturalistische Kompetenzmodell

Michaela Brohm schließt dieses Kompetenzkonstrukt an strukturalistische Lernmodelle an und entwickelt sie zu einem Strukturalistischen
Kompetenzmodell weiter (vgl. im Folgenden Brohm 2006). Demnach haben Individuen eine Oberflächen- (Außenwelt, Performanz) und eine Tiefenstruktur (innerer Kern der Person, Handlungsdispositionen). Kompetenz an sich ist in der Tiefenstruktur des Individuums angesiedelt und
entzieht sich somit einer direkten Trainierbarkeit und Messung. Durch
Transformation und Verarbeitung von Eindrücken stehen beide Ebenen
in Verbindung, wodurch das Individuum lernt. Bei der Frage, was die
Oberflächen- bzw. Tiefenstruktur prägt, verweist Brohm auf das Kompetenzmodell der QUEM, nach dem Kompetenzen auf Wissen und Werten
beruhen, „die durch Erfahrungen konsolidiert und durch Fähigkeiten disponiert werden. [...] Die Gesamtheit von Wissen, Werten, Erfahrungen,
Fähigkeiten und Motivation erzeugt die Dispositionen zum selbstorganisierten Handeln" (Brohm 2006, o.S.).

Vom Lernen als Verarbeitung der Eindrücke der sozialen Umwelt spre-
chen auch Erpenbeck/Heyse: „Die [...] Verarbeitung und Bearbeitung der
sozialen Wirklichkeit wird als ein stetiger Wahrnehmungs- und Deu-
tungsprozeß, als *selbstorganisiertes biographisches Lernen in der Risi-
kogesellschaft* behandelt" (Erpenbeck/Heyse 1999, S.14).

1.2. Kompetenzen als Persönlichkeitsmerkmale

Wenn Kompetenzen auf Werten, Erfahrungen sowie Fähigkeiten beruhen und sich in beobachtbarem Verhalten äußern, stellt sich auch die
Frage, ob Kompetenz ebenfalls ein Faktor der Persönlichkeit ist, die als
„Summe aller Merkmale und Verhaltensweisen, die den einzelnen Menschen zu einer unverwechselbaren Individualität werden lassen"
(Schaub/Zenke 2000, S. 427) beschrieben wird. Erpenbeck und Heyse
ziehen in Erwägung, dass „sich Persönlichkeitsmerkmale als Selbstorganisationsdispositionen interpretieren lassen" (Erpenbeck/Heyse 1999, S.

175) und „sich die Veränderungen von Persönlichkeitsmerkmalen als Veränderungen von Selbstorganisationsdispositionen interpretieren lassen" (ebd.).

Eine intensivere Überlegung dieser Zusammenhänge und inwieweit sich Persönlichkeitsmerkmale verändern und erweitern lassen, kann an dieser Stelle leider nicht weiterverfolgt werden. Dennoch sollen am Beispiel der sozial-kommunikativen Kompetenzen Möglichkeiten der Entwicklung und des Trainings aufgezeigt werden.

2. Sozial-kommunikative Kompetenz als Schlüsselkompetenz

2.1. Schlüsselkompetenzen auf der Spur

Sozial-kommunikative Kompetenz wird weithin als Schlüsselkompetenz betrachtet. Weinert definiert Schlüsselkompetenzen als Kompetenzen, die für gute Performanz über breit gefächerte Situationen hinweg benötigt werden: „Key competencies are those competencies that can be used for attaining good performances across a wide variety of different situations" (Weinert 1999, S. 14).

Schlüsselkompetenzen sind außerdem für multiple Lebensbereiche - im Arbeitsleben wie auch im privaten Leben - wichtig. „Solche übergreifenden (transversalen) Kompetenzen werden als Schlüsselkompetenzen definiert" (Rychen/Salganik 2001, S.9).

Im Rahmen des DeSeCo-Projekts wurden drei Kategorien von Schlüsselkompetenzen definiert, die einen wichtigen Beitrag zu wertvollen Ergebnissen für die individuelle Lebensbewältigung sowie für eine gelingende Gesellschaft liefern (vgl. Rychen/Salganik 2001):

1. Interaktive Anwendung von Medien und Mitteln
2. Interagieren in heterogenen Gruppen
3. Autonome Handlungsfähigkeit

Beim Vergleich der jeweiligen Teilkompetenzen, lässt sich die Klasse der Sozial-kommunikativen Kompetenzen der zweiten Kategorie zuordnen:

Interagieren in heterogenen Gruppen (vgl. Rychen/Salganik 2001 S. 14f.)	Sozial-kommunikative Kompetenzen, Auszug (vgl. Heyse/Erpenbeck 2004, S. XXI)
Gute und tragfähige Beziehungen unterhalten	Beziehungsmanagement
Fähigkeit zur Zusammenarbeit	Teamfähigkeit Integrationsfähigkeit
Bewältigen und Lösen von Konflikten	Konfliktlösungsfähigkeit Kommunikationsfähigkeit

(vgl. Rychen/Salganik 2001)

2.2. Kern der Schlüsselkompetenzen: Reflexivität

Als Kern der Schlüsselkompetenzen hebt das DeSeCo-Projekt reflexives Denken und Handeln als zentrales Element hervor (vgl. Rychen/Salganik 2001, S. 10). Um ihre Handlungen zu verbessern, müssen Menschen selbst zum Objekt des Denkens werden, die Handlungen reflektieren, sie abändern oder anpassen. Die dafür notwendigen metakognitiven Fähigkeiten benötigen „ein Niveau an sozialer Reife (…), das es ihnen ermöglicht, sich von sozialem Druck zu distanzieren, verschiedene Sichtweisen einzunehmen, eigenständige Urteile zu fällen und die Verantwortung für ihre Handlungen zu übernehmen" (vgl. Rychen/Salganik 2001, S. 11). Dies muss im Laufe des Lebens erst entstehen. So wird darauf verwiesen, dass „die Entwicklungspsychologie nachgewiesen hat, dass die Kompetenzentwicklung nicht mit dem Erwachsenenalter aufhört, sondern während des Erwachsenenlebens andauert. Insbesondere Reflexivität, die Fähigkeit, reflexiv zu denken und zu handeln, setzt eine gewisse Reife und Erfahrung voraus" (vgl. Rychen/Salganik 2001, S. 19). Diesen Hinweis auf die Eigenschaft von Kompetenzen als Persönlichkeitsmerkmal findet sich ebenfalls bei der HIS. Schaeper/Briedis haben das Sprichwort: „Was Hänschen nicht lernt, lernt Hans nimmermehr" entsprechend abgewandelt. Der Mensch muss erst ein gewisses Niveau an persönlicher Reife besitzen, um ein bestimmtes Kompetenzniveau durch intensives persönliches Reflektieren zu erlangen: „Aber Hans kann auch - und muss vielleicht erst recht - lernen, was er als Hänschen nicht gelernt hat; beziehungsweise einiges (z.B. kognitive Kompetenzen höherer

Komplexität) kann Hänschen noch gar nicht lernen" (Schaeper/Briedel 2004, S.24).

3. Training sozialer Kompetenzen

3.1. Ansätze der Trainierbarkeit

Die Ausführungen zu den Kompetenzkonstrukten haben gezeigt, dass sich Kompetenz durch Transformation von vermitteltem Wissen in grundlegendes Vorwissen, Transformation vorgelebter Werte in eigene Werte und Ermöglichung von Probehandeln entwickelt, das „zu der Ausprägung eigener Erfahrungen, Fertigkeiten und Fähigkeiten" (Brohm 2006, o. S.) führt. Das daraus gebildete Kompetenzniveau kann sich in einer spezifischen Situation in Performanz niederschlagen. Brohm kommt zu dem Schluss, „dass Lernen und Kompetenzerwerb auf breiten Vorwissen fußen, die lebenslanges Lernen und den damit einhergehenden Kompetenzerwerb erst ermöglichen" (Brohm 2006, o.S.).

Somit erscheinen zwei Faktoren für die Entwicklung von Kompetenz von entscheidender Wichtigkeit: Wissen und Probehandeln.

3.2. Die Methode der Verhaltensmodellierung

Das Strukturalistische Kompetenzmodell lässt sich gut auf die Ausführungen von Uwe Peter Kanning übertragen, der aus psychologischer Sicht der beruflichen Kompetenzentwicklung ebenfalls zwischen zwei Ebenen - der Kompetenz und deren Entäußerung - unterscheidet (vgl. im Folgenden Kanning 2005, S. 3f.; 74ff.).

Kanning differenziert zwischen den *„Kompetenzen* eines Menschen und einem *kompetenten Verhalten*" (ebd. S. 3). Er beschreibt die sozialen Kompetenzen als innere Potenziale eines Menschen, die sich in einer konkreten Handlungssituation ausdrücken. Er spricht davon, dass Soziale Kompetenz im Idealfall zu sozial kompetentem Verhalten führt.

„**Sozial kompetentes Verhalten** = Verhalten einer Person, das in einer spezifischen Situation dazu beiträgt, die eigenen Ziele zu verwirklichen, wobei gleichzeitig die soziale Akzeptanz des Verhaltens gewahrt wird.
Soziale Kompetenz = Gesamtheit des Wissens, der Fähigkeiten und Fertigkeiten einer Person, welche die Qualität eigenen Sozialverhaltens - im Sinne der Definition sozial kompetenten Verhaltens - fördert" (ebd. S.4).

Beide unterscheiden zwischen einer Tiefenstruktur (Brohm: die eigentliche Kompetenz; Kanning: das Potenzial) und deren Performanz, der Oberflächenstruktur (Brohm: Performanz; Kanning: sozial kompetentes Verhalten).

Als Möglichkeit zur Veränderung des Sozialverhaltens schlägt Kanning die Methode der Verhaltensmodellierung aus der Gruppe der Verhaltenstrainings vor, die Wissensvermittlung über richtiges Verhalten und praktisches Einüben verbinden.

Die Methode der Verhaltensmodellierung stützt sich auf die Lerntheorie von Bandura, nach der Lernen durch Beobachtung und Nachahmung geschieht. Die Teilnehmer durchlaufen bei der Verhaltensmodellierung einen mehrstufigen Prozess. Die Wissensvermittlung geschieht in einem ersten Teil durch die Präsentation und Diskussion eines Modells, das richtiges Verhalten in einer konkreten Situation vorführt. Zur besseren Abgrenzung gegenüber schlechtem Verhalten kann zusätzlich falsches Verhalten gezeigt werden. Die Teilnehmer einer solchen Maßnahme diskutieren das gezeigte Verhalten und erarbeiten Möglichkeiten richtigen Verhaltens. Dazu benötigen sie perzeptiv-kognitive Kompetenzen, zu denen „Wissen über soziale Sachverhalte, Rollen, Normen und Werte" (ebd., S 27) sowie Reflexivität - Kanning spricht von „Selbstaufmerksamkeit" (ebd., S. 9) - zählen. Ist dies geschehen, ist die Ebene der Wissensvermittlung abgeschlossen.

In den folgenden Stufen (Verhaltenswiederholung, Feedback, Transfer) bekommen die Teilnehmer die Möglichkeit zum Probehandeln. Das gezeigte Verhalten wird von einem Teilnehmer in einem Rollenspiel wiederholt und er bekommt eine Rückmeldung zu seinem Verhalten. Das Wissen der ersten Stufe kann der Teilnehmer hier in gewünschtes Verhalten umsetzen. „Dabei macht er zwangsläufig neue Erfahrungen (Selbstbild-Fremdbildvergleich, Perspektivenübernahme etc.), die seine Sicht sozialer Interaktionen verändern kann" (ebd. S.77). Die Übertragung des Verhaltens in Alltagssituationen geschieht in der Phase des Transfers.

Durch Verhaltensmodellierung werden bestehende soziale Kompetenzen verstärkt und neue eingeübt. Die Entwicklung der Verhaltensdispositionen geschieht auf Grundlage von Wissensvermittlung (Phase 1: Modellierung), gemachten Erfahrungen und Probehandeln (Phasen 2-4: Verhaltenswiederholung, Feedback, Transfer), das gemäß dem Strukturalistischen Kompetenzmodell Kompetenzerweiterung ermöglicht.

4. Fazit

Die Ausführungen im ersten Teil haben ergeben, dass Kompetenzen Selbstorganisationsdispositionen sind, die sich in beobachtbarer Performanz entäußern. Dadurch dass die eigentlichen Kompetenzen in der Tiefenstruktur des Individuums angesiedelt sind, sind sie nicht direkt trainierbar. Vielmehr muss man sich auf die Faktoren stützen, die die Tiefenstruktur, also die Kompetenzen prägen. Hier handelt es sich vor allem um Wissen und Werte, die durch Erfahrungen grundgelegt und durch Fähigkeiten disponiert werden.

Möglichkeiten der Entwicklung liegen vor allem in der Vermittlung von Wissen in Verbindung mit der Ermöglichung von Probehandeln.

Inwieweit Kompetenzen auch als Merkmale der Persönlichkeit zu verstehen sind, konnte in diesem Rahmen nicht geklärt werden, nach dem Strukturalistischen Kompetenzmodell ist dies aber zunächst auch zu vernachlässigen.

Eine konkrete Methode der Kompetenzerweiterung stellt die Verhaltensmodellierung dar, die auf den Elementen Wissenserwerb und Probehandeln aufbaut. In Übereinstimmung mit der gezeigten Theorie der Kompetenzentwicklung stellt sie ein sinnvolles Beispiel dar, wie Kompetenzen im sozial-kommunikativen Bereich entwickelt werden können.

Literatur

Böhm, Winfried (2000): Wörterbuch der Pädagogik. Stuttgart: Kröner Verlag.

Brohm (2006): Wer wissen sät, wird Kompetenz ernten. Lerntheorie - soziale Ungleichheit - didaktische Impulse. Persönlich ausgehändigt.

Doppler, Klaus; Lauterburg, Christoph (2005): Change Management. Den Unternehmenswandel gestalten. Frankfurt/Main: Campus Verlag.

Erpenbeck, John; Rosenstiel, Lutz von (Hrsg.) (2003): Handbuch Kompetenzmessung. Erkennen, verstehen und bewerten von Kompetenzen in der betrieblichen, pädagogischen und psychologischen Praxis. Stuttgart: Schäfer-Poeschel.

Erpenbeck, John; Heyse, Volker (1999): Die Kompetenzbiographie: Strategien der Kompetenzentwicklung durch selbstorganisiertes Lernen und multimediale Kommunikation. Münster, New York, München, Berlin: Waxmann.

Erpenbeck, John; Heyse, Volker (2004): Kompetenztraining. 64 Informations- und Trainingsprogramme. Stuttgart: Schäffer-Poeschel.

Kanning, Uwe Peter (2005): Soziale Kompetenzen. Entstehung, Diagnose und Förderung. Göttingen: Hogrefe.

Rychen, D.S.; Salganik, L.H. (Hrsg.) (2001): Definition und Auswahl von Schlüsselkompetenzen. Zusammenfassung. http://www.oecd.org/dataoecd/36/56/35693281.pdf (Unter: Stand: 10.09.2006)

Schaeper, Hildegard; Briedis, Kolja (2004): Kompetenzen von Hochschulabsolventinnen und Hochschulabsolventen, berufliche Anforderungen und Folgerungen für die Hochschulreform. Hannover: HIS-Kurzinformation a 6/2004.

Schaub, Horst; Zenke, Karl G. (2000): Wörterbuch Pädagogik. München: Deutscher Taschenbuch Verlag.

Weinert, Franz ,E. (1999): Concepts of Competence. Definition and Selection of Competencies: Theoretical and Conceptual Foundations (DeSeCo). Max Planck Institute for psychological Research, Munich, Germany.

Weinberg, Johannes: Zur Kompetenzdebatte in der Erwachsenenpädagogik und die politische Bildung. Unter: http://weiter.bildung.hessen.de/news/1108371796.pdf (Stand: 24.10.05)